はじめに

みなさんは、毎日どんな給食を食べていますか？　日本の学校では、みんなで楽しく、おいしい給食を食べることができますね。世界には、給食がないため家に帰ってごはんを食べる国や、クラスの全員が給食を食べない国もあります。日本の給食制度はすばらしいと、ほかの国のモデルになることもあります。

世界には、地球温暖化や大雨、洪水などの異常気象の問題があります。食べ物が足りず、飢餓や栄養不足に苦しんでいる人たちもいます。SDGs とは、「Sustainable Development Goals（持続可能な開発目標）」を略した言葉です。国際連合に加盟する 193 の国々が、2030 年までにやりとげることをかかげた、世界共通の 17 の目標（ゴール）です。世界中のすべての人がゆたかで平和にくらし続けられる社会にするためにつくられました。

この本は、みなさんにとって身近な学校の給食から、SDGs を考えるシリーズです。1 巻「給食はすごい！」では、日本の学校給食のすばらしさを紹介します。給食は栄養のバランスがよいことや、給食の歴史などについて、学んでいきましょう。そして、みなさんが給食でできる SDGs の取り組みにはどんなことがあるか、考えてみましょう。

女子栄養大学 栄養学部 准教授
中西 明美

いちばん身近なSDGs

たのしい給食！

給食はすごい！

①

この給食、
なんかへん……？

監修
女子栄養大学 栄養学部 准教授
中西 明美

小峰書店

もくじ

何種類の食材が使われている?

みんなが、学校で毎日食べている給食。「今日の献立は何かな?」と、朝から楽しみにしている人もいるのではないでしょうか。

毎日食べていて、あまり考えたことはないかもしれませんが、じつは、給食にはたくさんの食材が使われています。さあ、ここで問題です。右の献立では、何種類の食材が使われているでしょうか。写真を見ながら予想して、下から答えを選びましょう。

答えを選ぼう!

① 15 種類
② 24 種類
③ 38 種類

写真では
見えていない食材も
ありそうだね。

今日の献立

1. モーっと食べたい豆ピラフ
2. はっとうふキッシュ
3. じゅうねん長生き！
   胆沢ピーマンのえごまサラダ
4. 奥州野菜のミソストローネ
5. りんご
6. 牛乳

調味料もふくめて
予想してみてね。

写真提供／全国学校給食甲子園事務局〈奥州市立水沢南小学校（岩手県）〉

答えはなんと 38種類！

そのうちわけは……

エネルギーの もとになる 食材	米、大麦、ひえ、きび、 じゃがいも、えごま、小麦粉、 パン粉、マヨネーズ、 オリーブオイル、えごま油、砂糖
体の調子を 整える食材	ピーマン、キャベツ、とうもろこし、 ほうれんそう、玉ねぎ、はくさい、 にんじん、トマト、しいたけ、 にんにく、りんご
体をつくる 食材	牛ひき肉、ベーコン（ぶた肉）、卵、 もめんどうふ、大豆、アサリ、 牛乳、粉チーズ、みそ
その他	塩、しょうゆ、酢、 ケチャップ、コンソメ、黒こしょう

　この献立は、とてもたくさんの食材を使っています。いつもこんなに多いとはかぎりませんが、それでも、給食には毎日たくさんの食材が使われています。

　たくさんの食材を使うことで、栄養をバランスよくとることができます。また、地元の食材を多く使うことで、新鮮なうちに食べられたり、輸送や保管のためのエネルギーを節約できたり、地域の産業をさかんにしたりと、よいことがたくさんあります（地産地消）。

　これらはすべて、世界中の人々が取り組む目標、SDGs（持続可能な開発目標）（→12ページ）につながっています。

③じゅうねん長生き！
胆沢ピーマンのえごまサラダの材料

砂糖
ピーマン
キャベツ
酢
えごま油
とうもろこし
塩
米
大麦
コンソメ
ひえ
オリーブオイル
大豆
きび
牛ひき肉
黒こしょう

①モーっと食べたい豆ピラフの材料

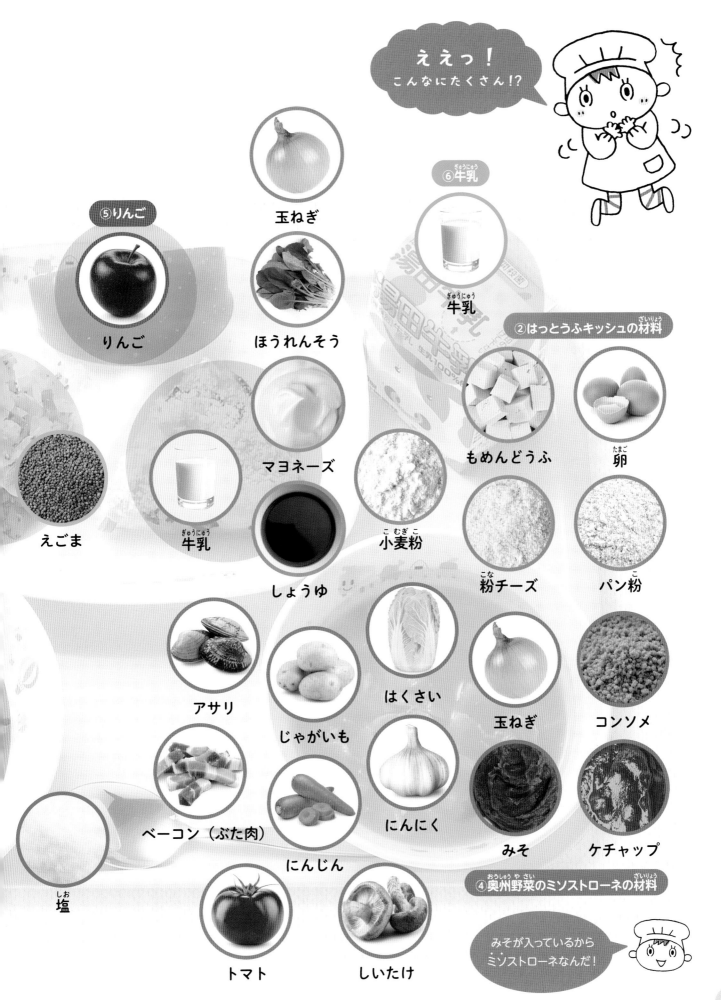

ええっ！
こんなにたくさん！？

⑤りんご

りんご

玉ねぎ

ほうれんそう

⑥牛乳

牛乳

②はっとうふキッシュの材料

えごま

牛乳

マヨネーズ

しょうゆ

小麦粉

もめんどうふ

卵

粉チーズ

パン粉

アサリ

じゃがいも

はくさい

玉ねぎ

コンソメ

ベーコン（ぶた肉）

にんじん

にんにく

みそ

ケチャップ

塩

④奥州野菜のミソストローネの材料

トマト

しいたけ

みそが入っているから
ミソストローネなんだ！

日本の給食の
ここがすごい！

SDGs マークの説明は
12 ページを見てね！

栄養バランスがばっちり！

　毎日、栄養バランスが完ぺきに整った食事をするのはとてもむずかしいことです。現代の日本の食生活では、食塩が多すぎたり、カルシウムが足りなかったりと、どうしてもかたよりがでてしまいます。

　学校の給食は、プロの学校栄養教諭（→20ページ）が考えた、**栄養バランスのよい献立になって**い**ます。毎日給食を食べることで、バランスのよい食事がどんなものかを知り、ふだんから栄養バランスのよい食事をとり続けることで、年をとっても健康でいられます。**

ここがSDGs！

　健康な体でいるためには、バランスのよい食事を知らなくてはなりません。それを学ぶことが、学校の給食の役割でもあります。

決まった量では
足りない？　多すぎ？

ふだんから少食だから、食べきれない。もう少し量をへらせるといいのに……。

わたしはよく運動するからおなかがへるよ。給食、ちょっと足りないかも。

同じ年齢でも、食べられる量は人によってちがいます。給食の量を調整するときは、全体の栄養バランスを考えて、多め、少なめにするとよいですね。

ちょうどよい味や量がわかる！

給食の味つけは、スーパーやコンビニなどのおかずよりもうす味です。給食は、出汁や食材のもつ味を十分にいかして、おいしく調理されています。現代の日本人の食生活は、やや味つけのこいものが多く、食塩のとりすぎなどが問題になっています。食塩を多くとりすぎると、将来病気になることもあります。

また、レストランなどの外食では、多くの人が満足するように、多めの量になっています。多すぎる食事は肥満につながり、やはり将来の病気が心配です。

給食では、学校栄養教諭が、**年齢や運動量に合わせて、ちょうどよい味つけ、ちょうどよい量**を考えてつくっています。

ここがSDGs！

学校によっては、各クラスの食べる量を記録して、クラスごとに給食を配る量を調整しています。給食が残ったり、足りなくなったりしないようにするくふうです。給食のむだをなくしながら、みんながちょうどよい量を食べて、健康でいられるようにしています。

よくない食生活を続けていると……

油のとりすぎ

あまいもののとりすぎ

食塩のとりすぎ

野菜が足りない

食事の量が多すぎる・少なすぎる

年をとったとき……

\ **生活習慣病** /

糖尿病
血液に糖分がふえすぎて、病気を引き起こす。

胃がん・大腸がん
異常な細胞（がん細胞）がふえ続ける。

動脈硬化
血管がかたくなり、血液の流れが悪くなって、病気を引き起こす。

肥満症
太りすぎが、病気を引き起こす。

高血圧
血管が細くなり、血液の流れが悪くなって、病気を引き起こす。

歯周病
歯ぐきや、歯をささえる骨などがとける。

みんなが同じものを食べられる！

ゆたかな国といわれる日本ですが、じつは、子どもの7人にひとりは、家庭の事情のために、家で十分なごはんが食べられない、食べても菓子パンだけなどのかたよった食生活になってしまう人がいる、といわれています。

学校の給食では、みんなが同じ献立の食事を食べます。**家庭の事情に関係なく、だれもが栄養をしっかりとって一日元気にすごしたり、いっしょに楽しく食べて食の大切さを学んだりできる**ところが、給食のいいところです。

ここがSDGs！

日本の公立小学校では、だれもが給食を食べられる制度が整っています。収入により給食費をはらうことがむずかしい家庭は、住んでいる市区町村から就学援助制度などの助けを受けられます。

「みんなで食べる」ふたつのいいこと！

1 楽しい！

同じ給食を食べることで「スープがおいしかったね」などの会話が楽しくはずみ、クラスの友だちともっと仲よくなれます。

2 好ききらいがへる！

楽しいふんいきの中でがんばって食べてみることで、少しずつ、きらいなものがへっていきます。きらいなものでも、なれたら食べられるようになることもあります。

給食があってよかったことは……

家族は仕事でいそがしくて、ひとりでごはんを食べることが多いよ。みんなで食べると楽しいな。

じつは毎日、朝ごはんを食べていないんだ……。給食があってよかった。

食物アレルギーに対応している！

食物アレルギーがあるために、食べられないものがある人がいます。食べると、命にかかわることもあるのです。食物アレルギーを起こす食材は人それぞれで、卵や牛乳、小麦のほか、たくさんの食材がアレルギーのもとになる場合があります。

学校の給食では、**食べられない食材をべつのものに置きかえた食物アレルギー対応の献立をつくったり、まちがって食べないようにくふうしたりして、安全に気をつけています。**

ここがSDGs！

学校によっては、卵や小麦を使わない献立を取り入れ、みんなが同じものを食べられるようにしているところもあります。また、食物アレルギー以外にも、病気や宗教などによって、食べるものが制限される人もいます。毎日の給食ですべての事情に対応することはむずかしいですが、学校のみんなが食べられる献立の日をもうけている学校もあります。

まな板もなべもしっかり分けてつくっています。

アレルギー対応献立の例
〜卵アレルギーの場合〜

卵あり　　　　　卵なし

調理のとき、卵を入れる前に取り分けてべつべつにつくります。

写真提供／下松市教育委員会（山口県）

みんなで健康を守ろう！

食物アレルギーの人もいるので、お友だちと給食を交換しないでくださいね！

ぼくは卵なしスープだな。

わたしはアレルギーの食材が多いから、今日はお弁当なんだ！

給食のSDGs見つけた！

手をよくあらいましょう。
マスクもわすれないでね！

はーい！

楽しい給食の時間には、いろいろなSDGsがかくれているよ！

3 すべての人に 健康と福祉を

ここがSDGs！

給食を配膳する前には、必ず石けんで手をあらうよう、国が定めています。きれいな手で配膳することで、食中毒などを予防します。

SUSTAINABLE DEVELOPMENT GOALS

SDGs は、「Sustainable Development Goals（持続可能な開発目標）」を略した言葉です。国際連合に加盟する193の国々が、2030年までにやりとげることをかかげた、世界共通の17の目標（ゴール）です。

貧困をなくそう

飢餓をゼロに

すべての人に
健康と福祉を

質の高い教育を
みんなに

人や国の不平等を
なくそう

住み続けられる
まちづくりを

つくる責任
つかう責任

気候変動に
具体的な対策を

給食にかかわるＳＤＧｓは、給食の献立についてのものだけではありません。配膳のときや食べるときにも、たくさんのＳＤＧｓがかくれています。健康のこと、地球環境のこと、働く人についてのことなどです。ここでは、一部を紹介します。

食べきれないから
少しへらしてくれる？

オーケー！

多すぎて残すより、
食べられる人に
食べてもらった
ほうがいいね！

ここがＳＤＧｓ！

食べ物をむやみに残すことは、自然から得られる資源をむだにすることになります。自分にちょうどよい量を食べて、資源のむだをなくすことが、地球環境を守ることにつながります。

ジェンダー平等を
実現しよう

安全な水とトイレを
世界中に

エネルギーをみんな
にそしてクリーンに

働きがいも
経済成長も

産業と技術革新の
基盤をつくろう

海の豊かさを
守ろう

陸の豊かさも
守ろう

平和と公正を
すべての人に

パートナーシップで
目標を達成しよう

これらの大きな目標を
やりとげるために、さら
に細かくどうすればよい
かがしめされています。

給食のSDGs
見つけた！

食べるとき

給食を食べるときのSDGsを見てみましょう。食べて健康になること以外にも、たくさんのSDGsがかかわっています。小さなことでも、みんなが気づくことから、SDGsははじまります。

ここがSDGs!

11 住み続けられるまちづくりを
12 つくる責任つかう責任

こわれた食器を集めてリサイクルし、こわれにくい食器につくり変えている会社があります。食器を大切に長く使うことで、ごみをへらせます。

どんなSDGsがあるか、自分でも考えてみよう！

この食器、こわれた食器をリサイクルしてつくられているんだって！

苦手なものも少しチャレンジしてみましょう。

ここがSDGs!

3 すべての人に健康と福祉を

苦手なものを残してしまうと、バランスのよい食事になりません。苦手なものを食べることは、自分の体を健康にするために、自分でできるSDGsです。

ストローのない
牛乳パックにも
なれてきたよ!

14 海の豊かさを守ろう

ここがSDGs!

プラスチックごみをへらすため、ストローのない牛乳パックにしている学校があります。パックの上を開いてそのまま飲める形です。プラスチックごみは、海をよごす原因になっています。

写真提供／
日本製紙株式会社

牛乳パックは
回収してリサイクル
するんだって。

15 陸の豊かさも守ろう

ここがSDGs!

牛乳パックは回収してリサイクルし、ノートやトイレットペーパーなどに生まれ変わります。木を原料としている紙を大事にすることで、森林の資源を守ります。

じゃがいもの皮むき、
たいへんだったんじゃ
ないかなぁ。

8 働きがいも経済成長も

ここがSDGs!

調理してくれた人のことを考えるのも、SDGsです。給食は、調理員さんたちが心をこめてつくってくれたものです。給食をささえる仕事をしている人たちの思いを知って食べるのと、知らないで食べるのとでは、給食のありがたさがちがいますね。

次のページでは
給食がみんなに
とどくまでに働く人の
話を聞いてみよう!

たどってみよう！食材が給食になるまで

食材が給食の料理になるまでには、いろいろな人がかかわっています。
どんな人がかかわっているのか、宮城県気仙沼市の小・中学校の給食で出される、
メカジキのメンチカツの例で、見てみましょう。

スタート！

まずは食材を
手に入れよう！

① 海でメカジキをとる

魚は命ある存在。
大事に食べてほしいです！

命に感謝して、
残さず食べて
くれたら
うれしいです。

メカジキ漁師
小野寺庄一さん

●突きん棒漁業

わたしは、気仙沼の海で、メカジキの漁やワカメの養殖をしています。メカジキ漁の方法は、「突きん棒」とよばれるものです。突きん棒では、船の上からもりを投げてメカジキをねらいます。船を運転しながらメカジキの位置を教える役と、もりを投げる役の2人ひと組でおこなう漁です。

突きん棒の漁期は7〜8月です。その時期は、天気がよければ毎日海に出ます。一回の漁で1〜数日くらいかけてメカジキをさがします。毎回とれるわけではなく、多くても10匹程度です。それに、まだ小さいメカジキは、資源を守るためにとらないようにしています。いつも海で魚に向き合っていると、魚も命がある存在だということをひしひしと感じます。

メカジキの位置を船の高いところから目で
見て、もりをつく人に指示を出します。

写真提供／臼福本店・気仙沼の魚を学校給食に普及させる会

つぎは、魚市場！
朝早くから仕事を
してるんだって！

気仙沼の魚市場で、メカジキが売られるところ。気仙沼のメカジキは、鮮度がよく、人気が高い。

気仙沼港にあがる魚は、どれもおいしいですよ！

国産の魚は
新鮮だからこそ、
おいしいんです！
ぜひ食べてください。

気仙沼漁業協同組合　魚市場係
齋藤光昭さん

魚市場の役割は、漁師さんたちがとった魚をあずかって売り、その代金を漁師さんにわたすことです。メカジキはとても大きく、攻撃的な魚で、海での漁は命がけです。そんなメカジキの鮮度と衛生を守りながら販売するのが、わたしたちの仕事です。

メカジキは、夏は突きん棒でとりますが、秋から春にかけては網でとるので水あげがふえます。水あげの多い時期は、夜明け前から深夜まで、漁師さんと連絡を取り合って仕事をしています。

メカジキのメンチカツは、気仙沼のとれたてのメカジキを使うので、おいしくないわけがありません。国産の魚は、外国産にくらべて鮮度がとてもよく、おいしいんです。メカジキにかぎらず、ぜひたくさん食べてください！

写真提供／気仙沼漁業協同組合

安心して食べられるように つくります！

食品ロスにも
気をつけて
むだが出ないように
つくっています！

オサベフーズ　商品開発部 栄養士（えいようし）
千葉百恵（ちばももえ）さん

わたしの会社は、ハンバーグやメンチカツなどを原料（げんりょう）から加工（かこう）してつくる会社です。メカジキのメンチカツは、地元の漁師（りょうし）さんがとったメカジキを使っています。

工場の設備（せつび）はかぎられているので、どうすればおいしく、どれも同じ品質（ひんしつ）になるかをくふうしなくてはなりません。メカジキのメンチカツは給食用なので、給食センターであげることを考えて、火の通りやすさや、衣（ころも）のつき具合などを調整し、味も、見た目もおいしそうに仕上がるように努力（どりょく）しています。

そして、なかでも気をつかうのは、安全についてです。骨（ほね）などが入らないように目で確認（かくにん）するだけでなく、X線検査（エックスせんけんさ）もおこなっています。給食の食材（しょくざい）を加工（かこう）する工程（こうてい）には、たくさんのくふうや気づかいがあるんですよ。

みんなが安全に
食べられるように
くふうしてくれて
いるんだ！

タネ（カツの中身）を形づくるところ。

みんながおいしく食べられるように、見た目よく、衣（ころも）をつけていきます。

X線検査（エックスせんけんさ）をして、骨（ほね）やその他、食べられないものが入っていないか、チェックしています。

写真提供／株式会社オサベフーズ

食中毒をふせぐため
温度に気をつけて運びます

カネダイ　水産食品事業部 営業部
白幡雄太さん

調理時間に
おくれないように
絶対に時間をまもって
運びます！

オサベフーズさんからあずかったメカジキのメンチカツは、冷凍倉庫でいったん保管し、いよいよ給食に出される日になったら、給食センターに運びます。

学校の給食の食材を運ぶときには、保存温度がきびしく決められていて、一度でも温まってしまうと、すてなくてはなりません。食中毒をふせぐためです。だから、わたしたち運ぶ人も、配送時に温度が上がらないよう、すばやく積み下ろしをしています。漁師さんや加工業者のみなさんが心をこめてつくってくれたものを、台無しにできませんからね。

また、衛生管理も大事です。よけいなものが入らないように確認しながら、箱に入れて運びます。学校にとどく給食の食材は、たくさんの人の手をわたって、大事につくられたものなんですよ。

配送車。どちらの車両にも冷凍設備がついていて、温度管理がしっかりできる。

温度管理に
とても気を使って
運ぶんだね！

冷凍倉庫。とびらのすぐそばに車をつけて、短い時間で積み下ろしできるようにしている。

写真提供／株式会社カネダイ

❺ 調理する

安全に気をつけて調理しています!

衛生に注意してつくるのが大事なんだね!

食中毒をふせぐため、中まで火が通っているか確認します!

小原木共同調理場　調理員
菅原政秀さん

わたしが働く調理場では、毎日約300食の給食をつくっています。朝8時ごろに業者から材料を受け取り、袋がやぶけていないかなど、材料の品質をチェックします。調理のときには、髪の毛やほこりなどが作業着についていないか職員どうしでチェックし、手あらい・アルコール消毒をして、衛生に注意しています。

メカジキのメンチカツをあげるときは、食中毒を予防するため、あげ上がりの温度をはかって、中まで火が通っているかを確認しています。学校にとどける配送車にのせるまで、調理員みんなで、いっしょうけんめいつくっています。

食べるときにおいしい温度になるように、順番を考えて調理していきます。

写真提供／小原木共同調理場

給食ができるまでの栄養士さんの仕事

みんなが協力してつくります!

気仙沼市管理栄養士会会長・みやぎ食育コーディネーター
千葉マキさん

栄養たっぷりのおいしい給食を考えます!

みんなに必要な栄養を、給食からおいしくとってもらうことを考えるのが学校栄養教諭の仕事です。1か月分の献立を考え、かぎられた予算の中で、バランスよく栄養がとれるようにします。献立が決まったら、食材を各業者に注文します。

メカジキのメンチカツをはじめて給食に取り入れたときは、加工業者の人と、調理場での調理の仕方や、食物アレルギーの問題、衛生管理のことなどをたくさん話し合って、意見を取り入れてもらいました。みんなの「また食べたい!」という声を聞くと、この仕事をやっていて本当によかったと思います。

完成！

メカジキの
メンチカツ

いただきます！

たくさんの人が、
給食にかかわっているんだね。
ほかの食材ではどうかな？
みんなの学校の献立についても
調べてみてね！

写真提供／臼副本店・気仙沼の魚を学校給食に普及させる会

＼ 千葉さんに聞いた！／

まだまだあるよ！ 給食のくふう

くふう1
**旬の食材や
地元の食材を選ぶ！**

なるべく旬の食材や、地元の食材を選ぶようにしています。鮮度がよくおいしい食材を使うと、調理のときにうす味にしても、おいしく食べられます。

くふう2
**給食の食材には
きまりがたくさん！**

給食に使う食材や配送には、衛生のことなど、細かい決まりがあります。かかわる人みんながルールを守っているからこそ、安全な給食が食べられるのです。

くふう3
**最後のチェックは、
校長先生が！**

学校にとどいた給食は、まず、校長先生が食べて、異常がないかチェックします。これを「検食」といいます。検食でオーケーが出たら、教室にとどけられます。

クイズ あててみよう！ だれの給食？

食べる人に合わせた
いろいろな給食が
あるんだね！

Q1

ヒント
食べやすい
大きさや
やわらかさ

ヒント
学校給食に
くらべて、量が
少ない！

赤ちゃんが食べやすいように、
小さく切ったり、やわらかく
したりして調理した給食です。

Q2

ヒント
毎日の給食が
楽しみになるように
くふうしている！

ヒント
人によっては
学校給食よりも
うす味！

体の具合に合わせて、
食塩をへらした食事なんだ。
なれれば、出汁がきいていて、
おいしいよ。

写真提供／よつばほいくえん、舞子浜総合病院、株式会社タニタ、タイヘイ株式会社

みんなが食べているのは、給食の中でも、「学校給食」とよばれるものです。じつは、世の中には学校給食のほかにも、さまざまな給食があります。写真を見て、どんな人がどんなところで食べる給食か、考えてみましょう。答えはページの下にあります。

Q3

ヒント
量はしっかりあり、とくに野菜がたっぷり！

ヒント
油っこい献立はあまりない

野菜の量が多く、食塩をとりすぎないように計算された定食です。毎日献立が変わりますが、どれも健康的な献立です。

Q4

ヒント
トロッとしていて飲みこみやすい

ヒント
どれもやわらかく調理してある！

飲みこむのがむずかしくて、プリンみたいなやわらかい食事しか食べられないんだ。でもおいしくつくってくれているから、食べるのが楽しみだよ。

答 Q1：保育園の給食　Q2：病院の給食（離乳食）　Q3：会社の社員食堂の給食　Q4：老人ホームの介護のための給食

学校給食はじめて物語

学校で給食がはじまったのは、今から130年以上前の明治時代のこと。
はじめて給食をおこなった、山形県の私立忠愛小学校の給食の物語を見てみましょう。

給食の歴史

【はじまり～1952年】

はじめはまずしい子どものため

1889（明治22）年、山形県の私立小学校で日本の学校給食ははじまりました。最初は、まずしくてこまっている子どもだけの給食でしたが、しだいに、みんなが等しく栄養がとれるようにと、みんなに給食を出す学校がふえていきました。

このころの給食

おにぎり（塩むすび）、焼きザケ、菜のつけ物

1889年
（明治22年）

学校給食のはじまり
山形県の私立忠愛小学校で、まずしい子どもたちに無料で昼食が配られる。

東京の一部で給食がおこなわれる。

1932年
（昭和7年）

1907年
（明治40年）

1919年
（大正8年）

1911年
（明治44年）

はじめて国が学校給食に補助金を出す。

広島県や秋田県の一部で、給食がおこなわれる。

岩手県、静岡県、岡山県の一部で、給食がおこなわれる。

1914～1918年
（大正3～7年）
第一次世界大戦

130年以上も前に学校給食ははじまったんだね。

このころの給食

五色ごはん、野菜たっぷりの栄養みそ汁

戦後は外国の助けを借りて

1941（昭和16）年、太平洋戦争がはじまると、食糧不足から、多くの学校で給食が中止されました。この戦争で日本は負けますが、戦後にはアメリカ軍やユニセフ（国際連合児童基金）などから助けを受け、全国的に給食がおこなわれるようになります。

ユニセフから脱脂粉乳の助けを受けた子どもたち（宮崎県）。脱脂粉乳とは、牛乳から脂肪分を取りのぞき、乾燥させた粉末のこと。ユニセフはすべての子どもの命と権利を守るために活動する、国連の機関。

写真提供／日本ユニセフ協会

ユニセフ給食がはじまる
戦争のあと、食べるのにもこまる人々がたくさんいた日本は、1949〜1964年までの15年間、ユニセフから学校給食用の脱脂粉乳などの助けを受けました。

全国の小学校で完全給食がはじまる。

給食をやめる学校がふえた！

1941〜1945年
（昭和16〜20年）
太平洋戦争

1947年
（昭和22年）

1949年
（昭和24年）

1952年
（昭和27年）

全国で給食が再開される。

このころの給食

コッペパン、ジャム、クジラ肉の竜田あげ、千切りキャベツ、脱脂粉乳

このころの給食

トマトシチュー、脱脂粉乳

ごはんは食糧不足で学校で用意できなかったため、自分で持ってきた。

写真提供／日本ユニセフ協会

アメリカからとどけられた脱脂粉乳の缶に集まる子どもたち。

給食再現写真提供／独立行政法人日本スポーツ振興センター

給食の歴史
【1953年～現在】

学校給食が国の制度に

栄養をバランスよくとるため、学校給食が国の法律として制度化されました。このころ、アメリカは自国であまった小麦粉を消費させる目的で、日本へ安く小麦を輸出していました。そのため、戦後はパンなどの小麦製品が中心の給食が続きました。

洋風の献立がふえる

給食を通してパン食になれていった日本人は、食生活が少しずつ洋風化し、給食にもスパゲッティやグラタンなどが出てくるようになりました。
パンの種類もふえ、コッペパンのほかにもあげパンやぶどうパンなどが登場しました。

1954年
（昭和29年）

脱脂粉乳から牛乳への移行がはじまる。

1964年（昭和39年）
東京オリンピック

1956年
（昭和31年）

1958年
（昭和33年）

学校給食法が成立する
国の制度として、学校給食法ができ、1955年にはじまる。

学校給食法が中学校まで用いられる。

このころの給食

1958（昭和33）年の給食風景。このころまで献立の定番だった脱脂粉乳は、苦手な子も多かった。この後、牛乳へと切りかわっていく。

写真提供／独立行政法人日本スポーツ振興センター

ミートスパゲッティ、フレンチサラダ、プリン、牛乳

脱脂粉乳ってどんな味だったのかな？

給食再現写真提供／独立行政法人
日本スポーツ振興センター

28

いろいろな献立が食べられる

　パン食が進んだことで、日本は米の消費がへり、米があまる状態になりました。あまった米を使うため、そして子どもたちからの希望もあり、給食に本格的にごはんが取り入れられるようになりました。また、小麦粉のパンだけでなく、米粉のパンもつくられるようになりました。

　おかずの献立もさらにふえていきました。現在では、各地の郷土料理や、外国の料理などを取り入れ、給食は、さまざまな食文化を知る機会になっています。

おうちの人は給食でどんな献立を食べていたのかな？聞いてみよう！

このころの給食
米粉パン、とり肉とカシューナッツの炒め物、ツナとキャベツの冷菜、コーンスープ、みかん、牛乳

現在の給食
モーっと食べたい豆ピラフ、はっとうふキッシュ、じゅうねん長生き！胆沢ピーマンのえごまサラダ、奥州野菜のミソストローネ、りんご、牛乳

写真提供／全国学校給食甲子園事務局
〈奥州市立水沢南小学校（岩手県）〉

1976年
（昭和51年）

2020年（令和2年）
新型コロナウイルス感染症流行

2021年（令和3年）
東京オリンピック

ごはんの給食が本格的に取り入れられる
食生活の見直しや、あまっていた米の消費のため、学校給食でごはんが本格的に取り入れられはじめるが、まだパンのほうが多かった。

1967（昭和42）年の給食風景。机を移動させ、向かい合って食事をしていた。

写真提供／鉾田市（茨城県）

新型コロナウイルス感染症の流行で、感染を予防するために、一人ひとりが前を向いてだまって食べる「黙食」がすすめられた。

写真提供／中津川市（岐阜県）

東京都大田区にある、
だんだんワンコイン
こども食堂。

町の中の給食

こども食堂ってなに？

町の中にも、子どもたちの食生活を応援
してくれる「こども食堂」があります。
どんな場所なのか、調べてみましょう。

みんなの身近にもある
こども食堂

「こども食堂」は、おもに子どもに向けて、安
く、または無料で食事を出している場所のことで
す。多くはボランティアの人がやっていて、ふつ
うの飲食店とちがい、子どもがひとりで行っても
食事ができます。全国で7331か所、47都道府
県のすべてにあります（2022年12月時点）。学
校の給食と同じように、子どもたちの食生活を助
ける目的でおこなわれています。家庭の事情で食
事の栄養がかたよってしまう子や、ひとりで食べ
なければならない子などの食生活を応援するほか、
だれでも来ていい場所にしているところが多いよ
うです。

さがしたいときは、インターネットで「こども食堂」「住んでいる
地域の名前」などの言葉を検索してみましょう。それぞれのこど
も食堂のルールを確認して行ってみましょう。

●年々ふえているこども食堂

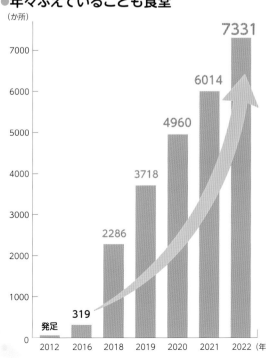

（か所）

- 発足 2012
- 319 2016
- 2286 2018
- 3718 2019
- 4960 2020
- 6014 2021
- 7331 2022 （年）

こども食堂へ行ってみよう！

だんだんワンコインこども食堂

日本初の「こども食堂」

近藤博子さんは、歯科衛生士と八百屋さんの仕事をしながら、こども食堂をしています。近藤さんは、2012年、全国ではじめて、こども食堂を開きました。「となりの人どうしが気づかい合える地域をつくるために、おとなとしてできることはなんだろうと考えて、こども食堂を思いつきました」と近藤さんは言います。地域に、家庭の事情などでひとりでごはんを食べなければいけない子がいることを知り、なんとかしたいという気持ちもあって、食堂をはじめたそうです。

食事は大切。温かいごはんをみんなで食べたら、ちょっと元気になれると思うんです。

だんだんワンコインこども食堂
近藤博子さん

ある日の献立。おかわりもできます。

おとずれる人との会話を大事にしています。

どんな人でも来ていい場所です。

みんなの応援で続けている！

「だんだん」は、近藤さんと、たくさんの人の協力で成り立っています。ワンコイン（500円）という安さの理由は、野菜は近藤さんが農家から仕入れたもの、米や肉などは「だんだん」を応援してくれる会社からもらったものを使っているからです。食堂の建物も、理解ある家主さんから借りています。献立を考える栄養士や調理をする人のほか、食堂をやっていく、さまざまな仕事をボランティアの人たちが手伝ってくれています。

写真提供／だんだんワンコインこども食堂

取材協力　／むすびえ – NPO法人 全国こども食堂支援センター

理想の給食って
どんなもの？

まずは考えてみよう！ わたしの理想？の給食

見てみて！
おいしそう
でしょ！

ぼくは
エビフライを
ステーキに
したいな！

自分の好きなものを
つめこんだ給食だね！

わたしの考えた献立

・ミートソーススパゲッティ
・ピザ
・エビフライ
・アイスクリーム

いつも好きなものばかり食べられたら、うれしいですね。みんなが好きな献立はなんでしょうか。ハンバーグ、カレー、からあげ、ラーメン、オムライス……？　これらの献立は、味がこかったり、油が多かったりしそうですね。体のためを考えると、そればかり食べているわけにはいかないかもしれません。学校の給食では好きなものばかり出てくるわけではありませんが、みんながおいしく食べられるようにくふうして、ちゃんと栄養がとれるように考えられているのです。

人間の体は、食べたものでつくられます。だから、みんなが健康に成長していくためにちょうどよい栄養バランスでなくてはならないのです。給食の献立は、栄養士の資格を持った先生（学校栄養教諭）が、考えてくれています。

栄養バランスがどうなっているか、チェックしてみましょう！

本当の理想の給食とはどんなものか、考えてみよう！

\ 栄養士さんの /
栄養チェック！

好きなものばかりの給食は、学校の給食の栄養バランスにくらべると、全体的にエネルギーが多いですね。たんぱく質や炭水化物はよいですが、脂質は多すぎます。すべての料理に油が使われていて、肉やチーズ、アイスクリームなど、脂質の多い食品も使われています。脂質は体にとって必要な栄養素ですが、多すぎる食事を続けていると、将来、生活習慣病（→9ページ）になりやすくなります。

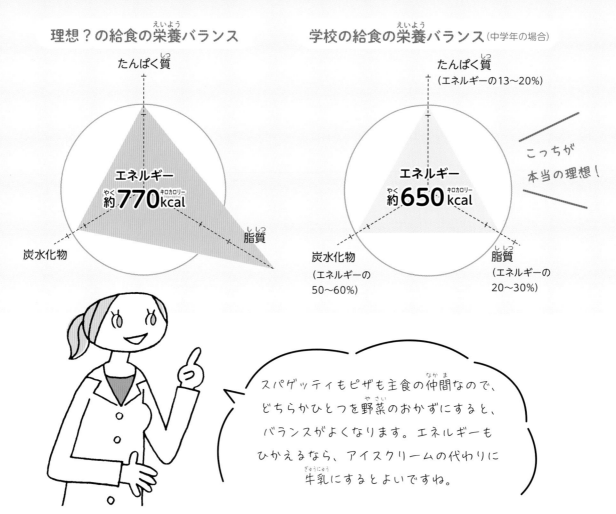

理想？の給食の栄養バランス

たんぱく質

エネルギー
約**770**kcal

炭水化物　　　　　　　　　　　脂質

学校の給食の栄養バランス（中学年の場合）

たんぱく質
（エネルギーの13〜20%）

エネルギー
約**650**kcal

こっちが本当の理想！

炭水化物
（エネルギーの
50〜60%）

脂質
（エネルギーの
20〜30%）

スパゲッティもピザも主食の仲間なので、どちらかひとつを野菜のおかずにすると、バランスがよくなります。エネルギーもひかえるなら、アイスクリームの代わりに牛乳にするとよいですね。

じつは給食で栄養のことを学んでいる！

学校の給食は、ただ食べるだけでなく、給食を教材にして、栄養のことを知る役割もになっています。給食の時間に放送で食材の話をしたり、栄養の先生（学校栄養教諭）が授業をしたりして、栄養のことを学んでいます。給食は、学校の授業のひとつなのです。

ここがSDGs！

学校で栄養について学ぶことで、おとなになってからも、健康のために自分の食生活に気を配るようになります。すべての人が健康にすごすために、大切な教育です。

栄養を3つの役割に分けた図（三色食品群）

おもに体をつくる
肉
魚
牛乳
ヨーグルト
卵
とうふ

おもにエネルギーのもとになる
ごはん
パン
油
さつまいも
砂糖
じゃがいも

おもに体の調子を整える
ほうれんそう
トマト
豆
りんご
キャベツ
バナナ
にんじん
ピーマン
いちご
みかん

食育の授業のようす。食材の働きを学んでいる。写真提供／阿見町（茨城県）

中学年（3・4年生）の理想の栄養を見てみよう

いろんな
栄養が
あるね！

学校給食の献立には
だいたい毎日入って
いるんだって！

1日の学校給食でめざす栄養の量（8〜9歳）		エネルギー 650kcal	
たんぱく質	おもに血液や肉などの体をつくる。約21.1〜32.5g	カルシウム	おもに骨や歯をつくる。350mg
		鉄	おもに血をつくる。3mg
脂質	体を動かすためのエネルギー源。約14.4〜21.7g	ビタミンA	おもに目や皮ふの粘膜を健康にたもつ。200μgRAE※
（炭水化物）	体を動かす、頭を使うエネルギー源。エネルギー全体からたんぱく質と脂質を引いた量	ビタミンB1	糖質を使うために必要なビタミン。0.4mg
		ビタミンB2	脂質を使うために必要なビタミン。0.4mg
食塩	おもに消化を助け、細胞を守り、体の調子を整える。2g未満	ビタミンC	皮ふや粘膜をじょうぶにする。25mg
		食物繊維	腸の環境を整える。4.5g

※学校給食摂取基準をもとに改変して作成。たんぱく質、脂質、炭水化物の量は、エネルギーに対する割合で計算する。
※ μgRAE…レチノール活性当量の単位。ビタミンAの働きをする成分を合計したものの量を表す。

たんぱく質21.1〜32.5g
をとるには…

卵なら
5個

鉄3mg
をとるには…

イワシなら
大きめ**3**匹

カルシウム350mg
をとるには…

こまつなら
1袋

卵5個も一度に食べられない！
給食は、いろいろな食材が
組み合わさっているから、
おいしく栄養がとれるんだね。

選べて楽しい！　バイキング給食

　決まった量を食べる、いつもの給食とちがい、自分にとって必要な量を取って食べる、バイキング給食をおこなっている学校があります。栄養のことを授業で学ぶからこそ、栄養バランスにも気をつけて、皿に取ることができるようになります。

　自分の食べたい量を取ったら、きちんと残さずいただきます。バイキングのときの、食事のマナーも学べます。

体育館で大々的におこなった青森県三沢市内の小学校のバイキング給食。6年生の特別給食だ。

写真提供／三沢市学校給食センター（青森県）

いつでもどこでも 栄養バランスばっちり！

日本の学校給食は、全国、どこの学校でも、栄養のバランスが整うように考えられています。献立は毎日ちがって、ごはんの日もあれば、パンの日もあります。それに学校ごと、給食センターごとにも献立はさまざまです。それでも、全国の小学生が、同じように栄養バランスのよい食事を食べているのです。そんな給食は、とてもすごいと思いませんか。

ここがSDGs！

学校の給食は、地域のちがいにより、栄養がかたよることはありません。海の近くでも山の近くでも都会でも、全国平等に、栄養バランスのしっかりした給食が食べられます。

\くらべてみよう！/
各地の小学校の ある日の 給食

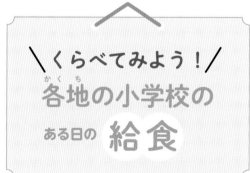

33ページの
「理想？の給食」の
栄養バランスと
くらべてみてね！

おいらせ町立下田小学校ほか（青森県）

写真提供／全国学校給食甲子園事務局

・もち麦ごはん
・サバのおろしソースがけ
・キャベツと嶽きみ（とうもろこし）のおかか和え
・長いものマーボー風汁 ・牛乳

魚料理が
メインだね！

たんぱく質

エネルギー
約618kcal

炭水化物　　　　　　　　　脂質

給食もふくめて考えよう！
食事バランスガイド

「食事バランスガイド」とは、1日に何を、どれだけ食べたらよいかを、こまの形で表している図です。主食、副菜、主菜、牛乳・乳製品、果物の5つのグループから、量を守ってまんべんなく食べると、食事の栄養バランスがとれます。

給食では、このうちどのくらい食べられているかチェックしてみましょう。また、家の食事と合わせて、栄養バランスがよくなるかどうか、考えてみましょう。

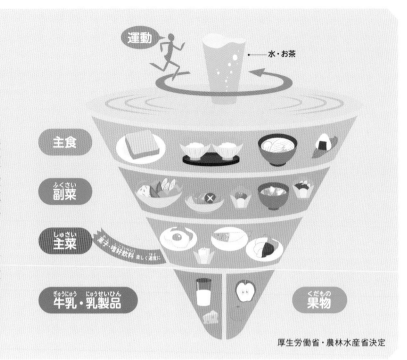

運動

←水・お茶

主食
副菜
主菜
菓子・嗜好飲料 楽しく適度に
牛乳・乳製品
果物

厚生労働省・農林水産省決定

※農林水産省「食事バランスガイド」のHPから画像をダウンロードしてプリントできます。https://www.maff.go.jp/j/balance_guide/

秦野市立末広小学校（神奈川県）

写真提供／秦野市立末広小学校（神奈川県）

・ナン　・ドライカレー
・野菜スープ
・カルシウムヨーグルト
・牛乳

うす焼きパンのナンがおいしそう！

たんぱく質

エネルギー
約652kcal

炭水化物　　　　　脂質

丹波篠山市立篠山小学校ほか（兵庫県）

写真提供／全国学校給食甲子園事務局

・丹波栗と黒枝豆のにぎわいごはん
・丹波地鶏のさんしょみそ
・コリコリ干しだいこんの茶の香和え
・いもの雲海汁　・ミニトマト
・牛乳

地元の食材をいっぱい使っているよ！

たんぱく質

エネルギー
約670kcal

炭水化物　　　　　脂質

給食でできる わたしたちのSDGs

いつも何気なく食べている学校の給食は、いろいろなSDGsの取り組みにつながっています。この巻で紹介した以外にも、まだまだありそうですね。食材を育てる人や運ぶ人、学校の調理室や給食センターなどの給食をつくる場所では、SDGsの目標をやりとげるために、たくさんのくふうをしています。

いっぽう、みんな一人ひとりができることもあるはずです。小さな行動でも、一歩ふみだせば大きな力になります。自分ひとりでできることや、クラスのみんなで協力しあってできることを考えて、取り組んでみましょう。

ぼくが気づいたこと

家で食器あらいをしたとき、お茶わんについた米つぶをあらうのがたいへんだったよ。学校はみんなの分の食器をあらうから、水や洗剤をもっとたくさん使うんじゃないかな。洗剤の使いすぎは、川や海をよごす原因になるよね……？

アクション！

できるだけ皿に残らないように、はしやスプーンで集めてきれいに食べようと思うんだ。ソースなども残さないようにすれば、水や洗剤を使う量をへらせるよね！

こんな SDGs につながるよ！

6 安全な水とトイレを世界中に　12 つくる責任 つかう責任

食器をあらったあとの水は、下水処理施設できれいにします。下水処理施設では、洗剤などの成分も無害なものに分解されますが、あまりに大量だと残ってしまい、川や海をよごす原因になります。学校では、分解されやすい洗剤を選び、ちょうどよい量を使うことで、自然をよごすことなく、安全な水をみんなで使うくふうにつなげています。

水を大事に使って、洗剤の量もへらすくふうにつながるね！

食器を洗剤入りの水につけおきして、よごれを落ちやすくしています！

写真提供／トップ株式会社

わたしが考えたこと

食べ残した給食はどうなるのかな。全部ごみになってしまうと、もったいないな。

アクション！

クラスのみんなで給食の食べ残しを学校のコンポストに集めて、肥料をつくったよ。花だんに植えたチューリップ、きれいにさくといいな。

こんな SDGs に つながるよ！

食べ残しのほとんどは、焼却場でごみとしてもやさなくてはなりません。それにはたくさんのエネルギーを使います。食べ残すことで、エネルギーのむだにもなってしまうのです。エネルギーは、大切に使わなくてはなりません。最近では、企業と学校が協力して、給食の食べ残しから発電する取り組みもはじまっています。

給食の調理クズや食べ残しを活用した、バイオガス発電の取り組みもはじまっているよ！

写真提供／NTT東日本グループ・ビオストック

食べ残しが電気に生まれ変わるなんてすごいね！でも食べ残しはへらしたいよね！

SDGsは だれひとり取り残さない 未来のための目標

みんなも自分でできることを考えてみてね！

みんなで取り組むことで、SDGsをやりとげよう！

監修 中西 明美（なかにし あけみ）

女子栄養大学 栄養学部 准教授

栄養士、管理栄養士、栄養教諭。広島女子大学卒業後、広島市内の小学校で学校栄養職員として勤務。その後、女子栄養大学大学院博士課程を終了し、2012年より現職。小中学校での食育や、自治体での学校給食メニューの開発などにも取り組む。共著として、『女子栄養大学のバランスのよい食事法』（女子栄養大学出版部）などがある。

監　　　修	中西明美
装丁・本文デザイン	フレーズ（岩瀬恭子、田中 麦）
イラスト	もり谷ゆみ、角 慎作
ま ん が	熊谷まひろ
企画・編集	頼本順子、渡部のり子（小峰書店）
編 集 協 力	WILL（戸辺千裕）、鈴木紗耶香
Ｄ　Ｔ　Ｐ	WILL（小林真美）
校　　　正	村井みちよ
写 真 協 力	〈表紙の給食〉全国学校給食甲子園事務局〈奥州市立水沢南小学校（岩手県）〉 全国の小学校・自治体・企業・団体等（写真そばに記載）、photolibrary、PIXTA、Shutterstock.com
参 考 資 料	『食育基本法・食育推進基本計画等』（農林水産省）、『学校給食における食物アレルギー対応について』（文部科学省）、 「学校給食の歴史」（一般社団法人全国学校給食推進連合会ホームページ）

国連 SDGs HP（https://www.un.org/sustainabledevelopment/）

The content of this publication has not been approved by the United Nations and does not reflect the views of the United Nations or its officials or Member States.

たのしい給食！ いちばん身近なSDGs
❶ 給食はすごい！

2023年4月6日　第1刷発行

発 行 者	小峰広一郎
発 行 所	株式会社 小峰書店
	〒162-0066　東京都新宿区市谷台町 4-15
	TEL　03-3357-3521
	FAX　03-3357-1027
	https://www.komineshoten.co.jp/
印刷・製本	図書印刷株式会社

オリジナル給食を考えよう!

住んでいる地域(ちいき)でつくられる食材(しょくざい)を調べたり、給食で解決(かいけつ)できそうな
SDGs(エスティージーズ)の問題を調べたりして、オリジナル給食を考えてみましょう。

右のシートをコピーして、使ってください。

おうちの人と
実際(じっさい)につくって
食べてみてもいいね!

記入例(れい)

オリジナル給食シート

4 年　2 組　　名前　山口 そのか

タイトル

「もったいない」大集合給食

← みんなの目にとまるような
タイトルを考えてみよう!

おすすめポイント

まだ食べられそうなところを集めて、食品ロスを
なくす給食です!

← なにに注目してつくった献立(こんだて)なのか、
わかるといいね!

どんな給食?（イラストや献立(こんだて)名など）

皮ばっかり
きんぴら
だいこんや
にんじんの皮を
使います。

かぼちゃの
種入りごはん
かぼちゃの種
は、学校の
みんなで
むきます。

牛にゅう

おから入り
チキンナゲット

近所のとうふ屋
さんのとうふづくり
で出たおからを
まぜます。

オレンジゼリー
皮を器に
使います。

残り野菜の
スープ
きのうの残り
のキャベツの
しんや、にんじ
んのへたを
使います。

← どんな料理(りょうり)なのか、
説明(せつめい)があると、わか
りやすいよ!

献立(こんだて)をつくってみた感想
給食でどんなものがあまるのかを、
タブレットで調べました。かぼちゃの種は食べたことが
ないので、食べてみたいです。ほかにも食べられそうなと
ころがあって、すてたらもったいないなと思いました。

← どんなことを思った
か、これからどんな
ことをしてみたいか
を書いてね。